1888. 27 Avril

TABLEAUX MODERNES

AQUARELLES, DESSINS, PASTELS

PAR

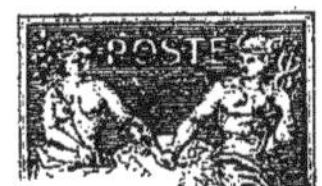

EUG. CICÉRI

BENOUVILLE, BOUDIN, BRILLOUIN, DE CURZON, HANOTEAU

MONGINOT, PASINI, SAUVAGEOT, EUG. LAMI, ETC..

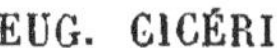

VENTE HOTEL DROUOT, SALLE N° 3

Le Vendredi 27 Avril 1888

A DEUX HEURES ET DEMIE

EXPOSITION PUBLIQUE LE JEUDI 26 AVRIL 1888

DE UNE HEURE ET DEMIE A CINQ HEURES

Me GEORGES BOULLAND	MM. HARO FRÈRES
COMMISSAIRE-PRISEUR	PEINTRES-EXPERTS
26, rue des Petits-Champs	14, rue Visconti et 20, rue Bonaparte

1888

14392. — Imprimeries réunies, A, rue Mignon, 2, Paris.

CATALOGUE

DES

TABLEAUX MODERNES

AQUARELLES, DESSINS, PASTELS

PAR

EUG. CICÉRI

BENOUVILLE, BOUDIN, BRILLOUIN, DE CURZON, HANOTEAU

MONGINOT, PASINI, SAUVAGEOT, EUG. LAMI, ETC.

DONT LA VENTE AURA LIEU

HOTEL DROUOT, SALLE N° 3

Le Vendredi 27 Avril 1888

A DEUX HEURES ET DEMIE

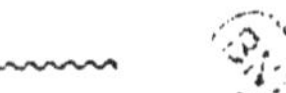

EXPOSITION PUBLIQUE LE JEUDI 26 AVRIL 1888

DE UNE HEURE ET DEMIE A CINQ HEURES

Me Georges BOULLAND	MM. HARO Frères
COMMISSAIRE-PRISEUR	PEINTRES-EXPERTS
26, rue des Petits-Champs	14, rue Visconti et 20, rue Bonaparte

1888

CE CATALOGUE SE DISTRIBUE

A PARIS, CHEZ

Mᵉ GEORGES BOULLAND	MM. HARO FRÈRES
COMMISSAIRE-PRISEUR	PEINTRES-EXPERTS
26, rue des Petits-Champs	14, rue Visconti et 20, rue Bonaparte

CONDITIONS DE LA VENTE

Elle sera faite au comptant.

Les acquéreurs payeront *cinq pour cent* en plus du prix d'adjudication.

TABLEAUX

CICÉRI (Eugène)

1 — Mare en forêt.

T. — H., $0^m,60$. L., $0^m,43$.

2 — Falaises; vue prise à Varangeville (Meurthe-et-Moselle).

T. — H., $0^m,60$. L., $0^m,43$.

3 — Bords du Loing; vue prise à Moret (Seine-et-Marne).

T. — H., $0^m,70$. L., $0^m,44$.

CICÉRI (Eugène)

4 — Un coin du Pollet.

A figuré au Salon de 1887 sous le n° 540.

T. — H., 0^m,92. L., 0^m,65.

5 — Dans le marais.

A figuré au Salon de 1887 sous le n° 541.

T. — H., 0^m,92. L., 0^m,65.

6 — En plaine.

A figuré au Salon de 1886 sous le n° 525.

T. — H., 0^m,70. L., 0^m,48.

7 — Au village.

A figuré au Salon de 1886 sous le n° 526.

T. — H., 0^m,70. L., 0^m,48.

8 — La Pêche.

B. — H., 0^m,55. L., 0^m,35.

CICÉRI (Eugène)

9 — Au bord de l'eau.

B. — H., 0m,55. L., 0m,35.

10 — La Mare sous bois.

B. — H., 0m,55. L., 0m,35.

11 — La Gorge aux loups.

B. — H., 0m,45. L., 0m,34.

12 — Souvenir de Fontainebleau.

A figuré au Salon de 1884 sous le n° 537.

T. — H., 0m,92. L., 0m,65.

BENOUVILLE (Ach.)

13 — Un ruisseau dans l'Allier.

T. — H., 0m,65. L., 0m,41.

BOUDIN

14 — Panorama; vue prise du quai des Chartrons à Bordeaux.

Signé à droite: C. Boudin, 1872.

T. — H., 0^m,31. L., 0^m,47.

BRILLOUIN (Georges)

15 — Paysage; vue prise aux environs de Bergerac (Dordogne).

T. — H., 0^m,65. L., 0^m,48.

CARPENTIER (Évariste)

16 — Jeune Fille à la chèvre.

B. — H., 0^m,40. L., 0^m,32.

DE CURZON

17 — Les Ruines de Pestum.

Au premier plan, des rochers et une nappe d'eau où les buffles viennent se désaltérer.

Signé à droite : 1865.

T. — H., 0^m,70. L., 1^m,03.

DESJOBERT (E.)

18 — L'Épave ; paysage marine ; effet de soleil couchant.

Signé à droite.

T. — H., 0^m,81. L., 1^m,08.

HANOTEAU (H.)

19 — La Fouine.

T. — H., 0^m,70. L., 0^m,44.

HANOTEAU (H.)

20 — Le Retour des chasseurs.

T. — H., 0m,70. L., 0m,44.

21 — La Maison du garde; paysage.

T. — H., 0m,70. L., 0m,44.

KAVEL (Martin)

22 — Aiguière et mandoline.

T. — H., 0m,65. L., 0m,54.

LA VILLETTE (Mme)

23 — Marine; vue prise à Larmor (Morbihan).

B. — H., 0m,44. L., 0m,30.

LA VILLETTE (Mme)

24 — Marine ; vue prise à Port-Louis.

B. — H., 0m,41. L., 0m,30.

MONGINOT (Ch.)

25 — Monnaie de singe.

T. — H., 0m,81. L., 0m,60.

26 — Le Bruit de la mer.

T. — H., 0m,73. L., 0m,54.

27 — Un ami de la maison.

T. — H., 0m,73. L., 0m,54.

*

OUVRIÉ (Justin)

28 — **Bas port sur le Rhin.**

T. — H., 0m,70. L., 0m,54.

PASINI (A.)

29 — **Canal de Venise; étude d'après nature.**

Signé.

T. — H., 0m,27. L., 0m,35.

PUJOL (C.)

30 — **Au rendez-vous.**

T. — H., 0m,46. L., 0m,38.

SAUVAGEOT

31 — Château de la Roche-Posaie (Vienne).

T. — H., 0m,97. L., 0m,52.

32 — Bords du Loing ; vue prise à Moret (Seine-et-Marne).

T. — H., 0m,97. L., 0m,52.

33 — La Rue du Trèfle à Anvers.

T. — H., 0m,73. L., 0m,34.

34 — Marché à Troyes.

T. — H., 0m,73. L., 0m,54.

35 — Marché en Hollande.

T. — H., 0m,64. L., 0m,46.

SAUVAGEOT.

36 — Le Moulin ; vue prise en Hollande.

T. — H., 0^m,64. L., 0^m,40.

37 — Forêt de Fontainebleau.

T. — H., 0^m,61. L., 0^m,41.

38 — Cour de ferme.

T. — H., 0^m,65. L., 0^m,45.

39 — Vue prise à Nemours.

B. — H., 0^m,41. L., 0^m,26.

40 — Bords du Loing; vue prise à Montigny.

B. — H., 0^m,41. L., 0^m,26.

SAUVAGEOT

41 — La Bièvre.

B. — H., 0^m,21. L., 0^m,16.

42 — La Cascade.

B. — H., 0^m,21. L., 0^m,16.

TCHOUMAKOFF

43 — Tête de femme.

B. — H., 0^m,31. L., 0^m,25.

DE VUILLEFROY

44 — Le Bouvier.

T. — H., 0^m,61. L., 0^m,50.

45 — La Charrette embourbée.

T. — H., 0^m,61. L., 0^m,50.

YON (Ed.)

46 — Paysage; la pêche.

T. — H., 0m,64. L., 0m,40.

---

47 — Sous ce numéro les tableaux non catalogués.

AQUARELLES

DESSINS ET PASTELS

CICÉRI (Eugène)

48 — **Souvenir de voyage.**

Deux dessins au fusain sous un même cadre.

49 — **Souvenir de Fontainebleau.**

Dessin au fusain.

50 — **Souvenir de Bretagne.**

Dessin au fusain.

CICÉRI (Eugène)

(AQUARELLES)

51 — Grenoble.

52 — Laveuses.

53 — L'Été.

54 — L'Automne.

55 — A Granville.

56 — Au bord de l'eau.

57 — Grand bassin à Dieppe.

CICÉRI (Eugène)

(AQUARELLES)

58 — Laveuses.

59 — Écluse à Montigny.

60 — Lavoir à Ferrière.

61 — Bords du Loing à Moret.

62 — A Migèves (Savoie).

63 — Un lavoir.

64 — La Marne au bas de Chigny.

CICÉRI (Eugène)

(AQUARELLES)

65 — Près de Granville.

66 — Une mare dans le Beaujolais.

67 — Ile Paturle.

68 — Au rocher à Avron.

69 — Falaises à Dieppe.

70 — Falaises en Normandie.

71 — Chemin des vignes à Marlotte.

CICÉRI (Eugène)

(AQUARELLES)

72 — Environs de Dieppe.

73 — Charon-sur-Thérone.

74 — Barques de pêche.

75 — A Châteauneuf (Côte-d'Or).

FEYEN-PERRIN (A.)

76 — La Prière.

Dessin au pastel.

LAMI (Eug.)

77. — Le sicilien ou l'amour peintre.

Aquarelle.

78 — Officier du 7e hussards.

Second empire.
Aquarelle.

LANGEROCK

79 — Forêt de Fontainebleau.

Dessin au fusain.

80 — Forêt de Fontainebleau.

Dessin au fusain.

SAUVAGEOT

(AQUARELLES)

81 — Jardin à Moret.

82 — Bords du Loing à Moret.

83 — Cour à Moret.

84 — Bords de l'Oise.

85 — Route de Moret à Montigny.

86 — Bords du Loing à Nemours.

87 — Hôtel à Sens.

SAUVAGEOT

(AQUARELLES)

88 — Place Thiers à Thiers (Puy-de-Dôme).

89 — Cour de ferme à Nogent-sur-Seine.

90 — Basse-cour à Moret.

---

91 — Sous ce numéro les aquarelles, dessins et pastels non catalogués.

14392. — Imprimeries réunies, A, rue Mignon, 2, Paris.

www.ingramcontent.com/pod-product-compliance
Ingram Content Group UK Ltd.
Pitfield, Milton Keynes, MK11 3LW, UK
UKHW022154260726
13993UKWH00005B/2353